원작 흔한남매

SBS 코미디 프로그램 '웃찾사'에서 만난 으뜸이와 다운이는 어떻게 하면 더 많은 사람들에게
웃음을 줄 수 있을까 고민하던 중 유튜브 코미디 콘텐츠를 만들게 되었어요.
그리고 어느덧 많은 사람들에게 사랑받는 인기 크리에이터가 되었지요.
흔한남매는 지금도 여러분에게 웃음을 주기 위해 계속 노력하고 있답니다.

 글 박시연

아이들이 재미있게 읽으며 꿈과 상상력을 키울 수 있는 이야기를 쓰고 있습니다.
취미는 여행이고, 특기는 엉뚱한 상상하기입니다. 여행 중에 상상해 낸 재미있는 이야기들을
만화와 동화로 엮어 어린이 독자들에게 전해 주는 데 큰 보람을 느끼고 있습니다.
쓴 책으로는 《그리스 로마 신화》, 《이시원의 영어 대모험》, 《카트라이더 세계 대모험》 들이 있습니다.

 그림 정주연

2010년부터 언제나 신나고 즐거운 그림을 그리고 있습니다. 그린 책으로는 《공포마술탈출》,
《존리의 금융 모험생 클럽》, 《설민석의 역사 고민 상담소》, 《흔한남매 이상한 나라의 고전 읽기》 들이 있으며,
종이 책과 웹툰, 웹소설 등 다양한 장르를 넘나들며 재기발랄한 삽화와 만화를 그렸습니다.

 감수 흔한컴퍼니

코미디 크리에이터 흔한남매가 이끄는 회사로, 하루에 한 번 행복한 웃음을 드리자는
목표를 가지고 온 가족이 함께 보며 편하게 웃을 수 있는 콘텐츠를 만들고 있습니다.
영상 제작, 출판, IP, 방영을 아우르는 메가 콘텐츠로 발돋움하고자 합니다.

별난 세계 여행 2

흔한남매 원작 | 박시연 글 | 정주연 그림

차례

- 프롤로그 　차원의 문 ················ 8
- 1화　고고학자를 찾아라! ········ 16
  　　　다른 그림 찾기
- 2화　고고학자의 정체 ··········· 58
  　　　숨은그림찾기
- 3화　신비로운 고대 도시 ········ 98
  　　　암호 풀기
- 정답 ···················· 136

캐릭터 소개

으뜸

나이: 중학교 3학년

별명: 초록 돼지

좋아하는 색: 초록

특기: 에이미에게 장난치기

에이미

나이: 초등학교 5학년

별명: 피라냐

좋아하는 색: 주황

특기: 아이돌 가수 따라 하기

별난 세계 여행을 위한 완벽 가이드!

1 첫째. 흥미진진한 이야기에 몰입하기
흔한남매와 함께 다양한 나라에서 펼쳐지는 기상천외한 사건들 속으로 떠나 보세요!

2 둘째. 미션 스테이지 해결하기
난센스 퀴즈, 미로 찾기 등 다양한 미션을 해결하며 세계 여행을 200% 즐겨 보세요.

고고학자를 찾아라!
페루 마추픽추

남매는 오랜 비행으로 피곤했지만 서둘러 공항을 빠져 나와서,

"솔직히 말하면 삼촌이 실종됐다는 거 믿기지 않아."

"나도. 그치만 혹시 모르잖아?"

근처에 있는 기차역으로 향했어요. 쿠스코 공항에서 마추픽추에 가려면 또 기차를 네 시간이나 타고 아과스칼리엔테스 역으로 가야했거든요.

삐이이이

"출발하나 봐!"

"우리도 데리고 가!"

내가 입고 있는 겉옷은 폰초라는 이름의 망토란다. 알파카와 라마의 털로 만들어 보온성이 뛰어나기 때문에 고산 지대에서 따뜻하게 지낼 수 있단다. 보통 폰초라고 하면 멕시코의 전통 의상을 떠올리지만, 페루가 원조란다!

올라, 페루!

페루는 남아메리카 대륙의 서쪽 끝에 위치한 나라로 수도는 리마입니다. 페루는 사막 지대, 열대 우림 지대, 고원 지대 등 세 지역이 공존하는 덕분에 각기 다른 풍경을 볼 수 있어요. 페루 쿠스코는 잉카 제국의 중심지였는데, 쿠스코 북서쪽 안데스 산맥에 있는 마추픽추는 잉카 문명이 남아 있는 대표적인 유적지입니다. 태양신 '인티'를 숭상한 잉카인들은 태양을 상징하는 황금으로 물건을 만들었어요. 신에게 풍요를 기원하는 제물로 사용한 인물상, 의례에서 사용한 반원 모양의 황금 칼 등이 있지요.

어떠니? 페루에 대해 좀 알겠니?

흐음, 귀여운 유물이네.

마추픽추가 잉카의 유적지였구나.

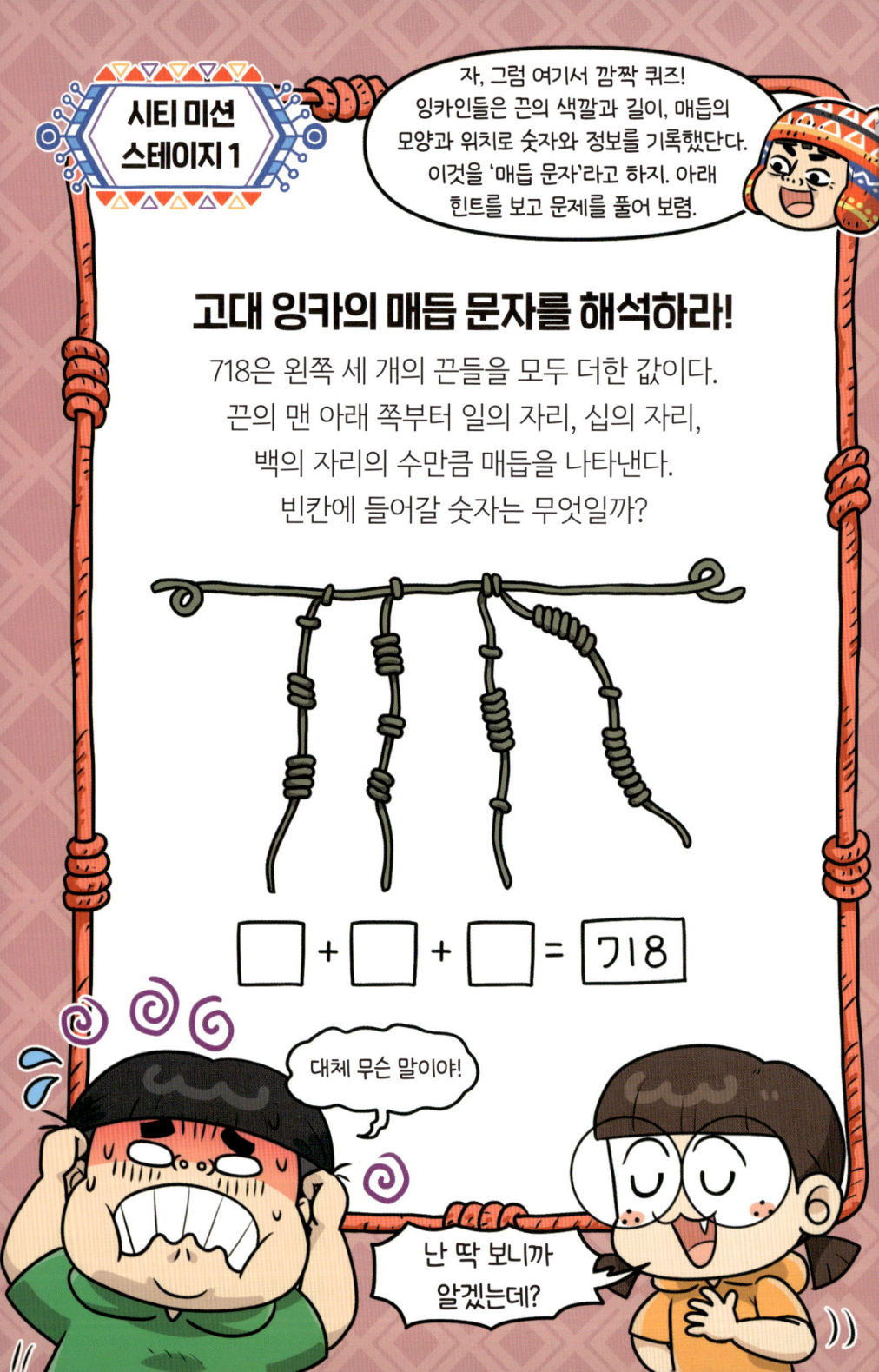

이 높은 곳에 어떻게 건물을 지은 걸까?

외계인의 도움이라도 받았나?

지이이잉

마추픽추는 세계 7대 불가사의 중 하나인데, 잉카 제국의 황제인 파차쿠티 잉카 유팡키의 명령에 따라 산 아래에서 거대한 돌을 끌고 올라와 지었다고 해. 마추픽추는 잉카 제국이 멸망하고 오랫동안 잊혀졌다가 1911년 미국 탐험가 하이럼 빙엄에 의해 발견되었지.

서둘러라!

영차

파차쿠티라니 피자가 먹고 싶네.

저 큰 돌을 끌고 왔다고?

자, 이제 마추픽추가 어떤 곳인지 알았으니 삼촌을 찾으러 가자고!

삼촌 딱 기다려요!

너희 정말 기운이 넘치는구나.

마카를 따라 마추픽추의 곳곳을 돌며 삼촌을 찾아다녔지만, 삼촌은 머리카락 한 올도 보이지 않았어요.

결국 삼촌을 찾지 못한 채 해가 지자, 으뜸이와 에이미는 점점 초조해졌어요.

헉헉.
친다, 지쳐.

이렇게 열심히 돌아다녔는데도 안 보이다니.

곧 마을로 가는 마지막 버스가 출발할 거야. 우리도 그 버스를 타야만 해.

발만 동동 구르고 있던 그때, 에이미의 머릿속에 무언가 번쩍하고 떠올랐어요.

번뜩

마카, 삼촌의 휴대폰을 발견한 곳이 어디야?

툭

마추픽추에서 가장 신성한 곳인 인티우아타나야. 동서남북의 방향을 완벽하게 나타낸 커다란 돌이 놓인 곳이지.

으뜸이와 에이미는 어마어마하게 밝은 빛에 감싸인 차원의 문 안쪽으로 눈 깜짝할 사이에 끌려 들어갔어요.

으뜸이 살려!

몸이 고무처럼 늘어나잖아? 으아아아!

마카가 뒤늦게 사람들을 데리고 올라왔지만, 사방은 쥐 죽은 듯이 고요할 뿐 아무도 보이지 않았어요.

꼬불꼬불 미로 탈출하기!
고대 도시 마추픽추에서 삼촌의 흔적을 찾아 보세요!

소란한 소리에 뒤를 돌아보니, 화려한 옷을 입은 남자가 가마를 타고 지나가고 있었어요. 사람들이 하는 말을 들은 으뜸이와 에이미는 그제야 자신들이 15세기 잉카 제국에 와 있다는 것을 깨달았어요.

파차쿠티 황제 만세!

파차쿠티 황제 만세!

헉! 파차쿠티라면 잉카 제국을 세운 황제 아냐? 마카가 설명해 줬잖아!

설마 우리가, 파차쿠티 황제가 다스리던 마추픽추로 온 건가?

난데없는 시간 여행에 당황한 흔한남매! 그때 남매를 부르는 목소리가 들렸어요.

어떻게 과거로 온 거지?

저번엔 그림 속에서 나온 나폴레옹도 만났는데, 뭐.

얘들아!

알쏭달쏭 나무 막대기 퀴즈

나무 막대기 3개만 이동하여
사각형을 2개 만들어라!

> 1에서 10까지의 숫자 중 하나의 모양을 만들어 보면 쉽게 풀 수 있지.

혹시 이건가?

땡!

땡!

이것도 아니네.

노동에 지친 남매는 잉카 장군 몰래 밭을 빠져나갔어요.

얘들아. 장군에게 들키지 않게 조심하렴.

저 사람 너무 까칠해요.

고고학자를 찾아다니던 그들은 태양의 신전을 둘러보기도 하고,

태양의 신전? 어디서 많이 들어봤는데.

여긴 태양신에게 제사를 지내는 신전이란다.

마카가 안내해 줬던 신전이잖아. 미추픽추의 중심에 있는 건물이라고 했던 기억이 나.

수로에서 마른 목을 축이기도 하고,

이 수로 덕분에 마추픽추에는 일 년 내내 물이 흘렀고, 비가 많이 와도 홍수가 나지 않았어.

잉카인들의 기술력 장난 아니네요.

콸 콸 콸

크, 시원하다. 그건 그렇고. 대체 고고학자는 어디 있는 걸까요?

잉카인들이 높은 산에 불어 들어오는 바람을 이용해 만들었다는 창고까지 샅샅이 둘러봤어요.

으, 여긴 다른 데 보다 춥네?

이런 곳에는 고고학자도 안 왔을 것 같은데요?

덜덜덜

이곳은 냉장고 역할을 했던 창고란다.

아, 감자 튀김 먹고 싶다.

휘이이이잉

와르르

49

그 이후에도 삼촌과 남매는 마추픽추의 구석구석을 살펴보았지만, 사라진 고고학자에 대한 단서를 그 어디에서도 찾을 수 없었어요.

인티우아타나

돌로 만든 해시계. 마추픽추 가장 높은 곳에 있는 가장 신성한 장소이다. '태양을 묶어놓은 기둥'이라는 뜻으로 당시 잉카인들은 태양의 궤적이 바뀌면 큰 재앙이 온다고 믿었기에 이 돌을 이용해 태양을 묶어 놓는 의식을 치렀다고 전해진다.

계단식 밭

계단 모양의 밭. 높은 산에서 농사를 짓기 위해서 만들었다. 옥수수, 감자 등을 재배했다.

창고

곡물이나 감자를 저장하는 창고. 산바람을 이용하여 최대 6년이나 감자를 보관해도 썩지 않았다.

세 개의 창 신전
해가 뜨는 동쪽에 위치해 가장 먼저 햇빛을 받는 장소에 위치한 신전. 세 개의 창문이 있다.

콘도르 신전
잉카인들이 숭배하던 새, 콘도르의 모습을 한 신전. 커다란 바위는 마치 새가 날개를 펼친 모습과 같다. 바닥에는 주둥이와 머리가 조각되어 있다.

수로
마추픽추 전체로 물을 흐르게 하는 수로. 수로의 물은 계단식 밭의 농업 용수뿐 아니라 신전, 왕족과 귀족이 거주하는 곳, 평민이 거주하는 곳 순으로 흘렀다.

태양의 신전
태양신을 위한 제사를 지내는 신전. 마추픽추의 중심부에 있다. 거대한 바위에 곡선으로 돌을 쌓아 만들었다. 잉카의 건물 중 보기 드문 곡선형 건물이다.

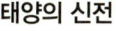

남매는 사람들에게 이상한 사람을 본 적이 있는지 물었지만,

아무런 소득이 없었지요. 고고학자의 흔적조차 발견하지 못한 삼촌과 남매는 크게 실망했어요.

다른 그림 찾기

잉카 문명의 벽화 속 주인공이 된 으뜸이와 에이미!
두 벽화를 보고 서로 다른 다섯 군데를 찾아 보세요.

방금 전만 해도 페루에 있었는데 이번엔 멕시코라니 그저 한숨만 나올 뿐이었죠.

으뜸이와 에이미는 삼촌에게 따져 물었지만 삼촌은 아무 말도 들리지 않는 듯했어요.

결국 남매는 치첸이트사를 아주 조금만 둘러보고 가기로 결정했지요.

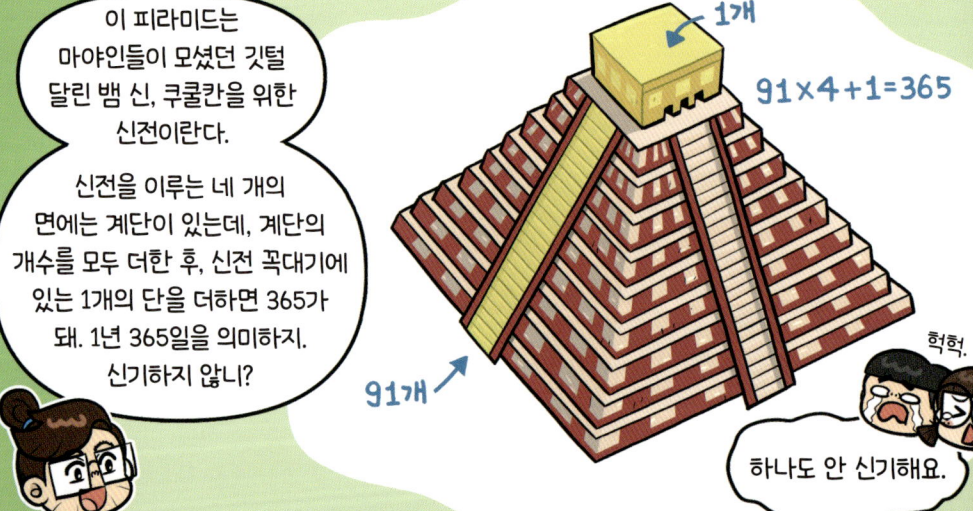

그림의 용도를 맞혀라!

벽화 속 문양은 고대 마야인들이 사용했던 '이것'이다. 이것은 무엇일까?

엄청 복잡한 무늬가 있네.

뭘 그런 거지? 동물인가······.

한참을 고민하던 으뜸이가 입맛을 다시며 정답을 외쳤어요.

정답! 불판?

수레바퀴 문양?

방패?

그만!

엉뚱한 답을 외치는 남매 때문에 답답해진 삼촌은 힌트를 하나 주기로 했어요.

정답은 달력이란다. 그림 문양들을 조합해서 날짜를 계산하지.

마야인들은 이것을 이용해 추수와 제사의 시기를 정했어.

모르겠어요.

저도요.

곧 제사 날짜가 다가오네?

얼른 준비하자.

정답을 맞히지 못한 남매는 하는 수 없이 삼촌을 따라 치첸이트사 이곳저곳을 둘러보았어요.

구기 경기장

고대 마야인들이 공놀이를 했던 경기장. 양쪽에 세워진 벽들은 길이 95미터, 높이 8미터에 달하며 벽 위쪽에 공을 통과시켜 득점하는 석조 고리가 달려 있다.

금성의 제단

벽면에 태양계 행성 중 하나인 금성을 상징하는 그림 문자가 새겨져 있어서 붙여진 이름이다. 금성의 제단 벽면에는 재규어, 독수리가 새겨져 있고, 계단 난간에는 쿠쿨칸 머리 석상이 입을 벌리고 있다.

세노테

깊이 5~40미터에 달하는 천연 샘. 치첸이트사가 있는 유카탄 반도에만 수천 개가 있다고 알려져 있다. 마야인들은 세노테를 성스러운 우물로 여기고 숭배하여 수많은 보석, 도자기, 황금, 옷 등을 바쳤다.

전사들의 신전

무장한 전사의 모습이 새겨져 있는 기둥에 둘러싸여 있다. 제단 위에 제물의 피를 받아 보관했으며, 살아 있는 사람의 심장을 바쳤다고 전해진다.

쿠쿨칸 신전

뱀 신 쿠쿨칸을 위한 신전. 치첸이트사를 한눈에 내려다 볼 수 있게 계단식 피라미드로 지어졌다. 신전 바닥에는 쿠쿨칸의 머리 석상이 있다.

천문대

중앙 탑의 원형 모양과 내부의 나선형 계단이 특징인 천문대. 별을 관측할 수 있는 작은 창이 있고, 꼭대기로 올라가면 보다 가까이에서 하늘을 관측할 수 있다.

신이 나서 이리저리 돌아다니던 그때, 갑자기 마야 병사들이 나타나 남매와 삼촌을 포위했어요.

라체타 아저씨는 남매와 삼촌에게 옥수수로 만든 마야의 전통 음식을 대접했어요.

다음 날, 남매와 삼촌은 라체타 아저씨를 따라 경기장에 도착했어요. 압도적인 높이에 위엄마저 느껴지는 경기장이었지요.

저기가 경기장인가 봐! 생각보다 사람이 많은데?

다들 우리 경기를 보러 왔나?

얘들아, 오늘 경기 잘 부탁한다.

저희만 믿으세요!

승리를 가져다 드릴게요!

경기장 안은 사람들의 함성으로 가득했어요.

우아아아아아!

어머 저 선수들 좀 봐! 엄청 강해 보인다!

그, 그러게.

이 경기 쉽지 않아 보이네.

헉, 우리가 저렇게 높은 곳에 공을 넣을 수 있을까?

걱정 마, 오빠! 이 축구 천재 에이미만 믿으라고!

"왜들 그렇게 놀라니? 경기에 이긴 승자는 태양신의 제물이 된단다."

"승자가 제물로 바쳐지는 건 영원한 천국으로 가는 명예로운 일이라 다들 자랑스럽게 여기는데 몰랐니?"

"네! 몰랐어요!"

"제물이 될 줄 알았으면 경기에 안 나갔죠!"

기껏 열심히 싸워 얻은 승리의 결과가 제물이라니! 남매는 믿을 수 없었어요.

"승리한 전사들에게 영광이 있으리!"

"승리한 전사에게 신의 축복을!"

"이, 이건 꿈일 거야."

어느덧 그들은 커다란 웅덩이 앞에 멈춰 섰어요. 마치 모든 것을 삼켜 버릴 것만 같은 크고도 깊은 웅덩이였지요.

뭘 주저하는 것이냐! 마야의 전사답게 당당하게 들어가라!

울며 겨자 먹기로 세노테에 뛰어든 흔한남매와 삼촌! 과연 이 위기를 넘길 수 있을까요?

얘들아, 조심하렴!

으뜸이 살려!

꺄악!

풍덩

풍덩

일촉즉발의 상황에서 재치를 발휘한 삼촌 덕에 남매는 식물 줄기로 숨을 쉬며 마야인들이 떠나기만을 기다렸어요.

하지만 마야인들은 아무리 기다려도 떠나지 않았죠.

어딘가로 난 작은 통로 앞에서 등산용 칼 하나를 발견했어요.

마야인들이 이런 칼도 만들었나?

이건 마야인이 만든 게 아니야. 현대의 물건이지.

삼촌은 등산용 칼과 동굴 벽에 난 작은 통로를 보더니 확신에 찬 목소리로 말했어요.

치첸이트사에 등산용 칼이라니. 우리 말고 과거로 올 수 있는 사람은 차원의 문 열쇠를 가진 고고학자뿐이야. 이 통로도 고고학자가 파 둔 것이 분명해.

이 통로로 들어가 보자.

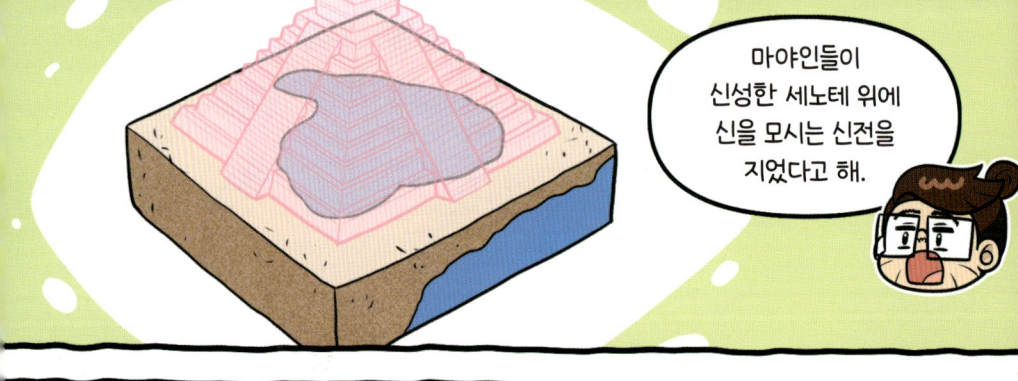

고고학자가 이곳을 떠났다고 판단한 그들은 치첸이트사에서 가장 성스러운 장소인 쿠쿨칸 신전에 올랐어요.

"우리도 일단 이곳을 떠나요."

"이 피라미드가 신전이라고 했으니까……."

"오늘 계단을 몇 개나 오르는 건지."

"차원의 문은 아마 신전 꼭대기에 있을 거야."

바로 그때,

번쩍

으뜸이가 손전등을 들고 계단을 오르는 누군가를 발견했어요.

"저거 손전등 불빛 아냐?"

"맞네! 저 사람, 우리가 찾던 고고학자 아니야?"

나도 데려가 줘!
삼촌 같이 가요!
흐응응응응
슉―
얘들아, 잘 따라와!
와아아악
또다시 차원의 문으로 들어간 세 사람!
이번에야말로 고고학자를 잡을 수 있을까요?
삼촌, 저희 이번에도 고대 도시로 가는 걸까요?
고고학자 기다려라! 내가 간다!
글쎄. 어디로 가려나?
우아아아앙

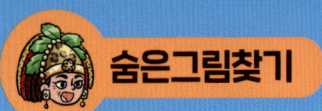 **숨은그림찾기**

고고학자가 치첸이트사에 흘리고 간 물건 열 개를 찾아 보세요.
마야 문명과 거리가 먼 물건은 무엇일까요?

"이것저것 많이도 두고 갔네! 나뭇잎에 물건이 보이는데?"

꺄아아아!

슈슉

떨어진다아아!

아이코!

쿵-

또다시 차원의 문을 통과한 으뜸이와 에이미!
건조한 공기 탓인지 목구멍이 따갑게 느껴졌어요.

옷이 또 바뀌었네?

여긴 또 대체 어디예요?

사막인 것 같은데…….

꽥-

끙

이곳이 어디인지 둘러볼 여유조차 없이 남매와 삼촌은 곧바로 고고학자를 찾았어요.

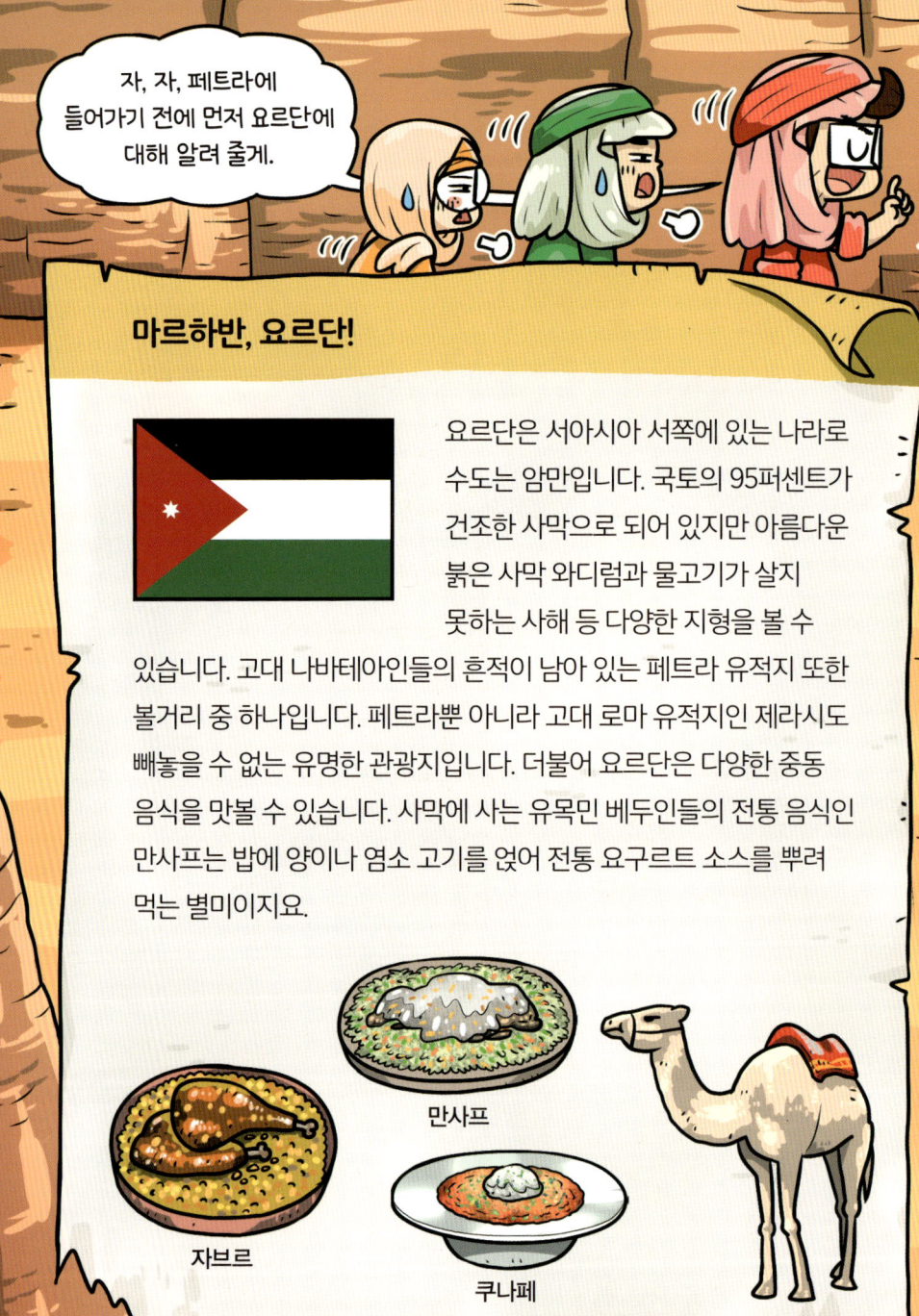

마르하반, 요르단!

요르단은 서아시아 서쪽에 있는 나라로 수도는 암만입니다. 국토의 95퍼센트가 건조한 사막으로 되어 있지만 아름다운 붉은 사막 와디럼과 물고기가 살지 못하는 사해 등 다양한 지형을 볼 수 있습니다. 고대 나바테아인들의 흔적이 남아 있는 페트라 유적지 또한 볼거리 중 하나입니다. 페트라뿐 아니라 고대 로마 유적지인 제라시도 빼놓을 수 없는 유명한 관광지입니다. 더불어 요르단은 다양한 중동 음식을 맛볼 수 있습니다. 사막에 사는 유목민 베두인들의 전통 음식인 만사프는 밥에 양이나 염소 고기를 얹어 전통 요구르트 소스를 뿌려 먹는 별미이지요.

만사프

자브르

쿠나페

보물 창고라고 불리게 된 건 알카즈네 꼭대기에 조각된 항아리 안에 엄청난 보물이 숨겨져 있다는 전설 때문이란다.

진짜 보물이 들어 있을까?

찾으면 우리 부자 되는 거야?

우리도 한번 들어가 볼까?

네!

그때, 문지기로 보이는 사람이 남매와 삼촌을 막았어요.

이곳은 아무나 들어갈 수 없는 곳이다!

잠깐만 들어가는 것도 안 될까요?

정 들어가고 싶으면 내가 내는 문제를 맞혀라

이곳은 앗데이르란다. 페트라 유적 중 규모가 가장 크지.

높이가 몇 십미터는 되어 보여요.

고고학자가 이곳에 숨었으려나?

남매와 삼촌은 서둘러 앗데이르 안으로 들어가서 이곳저곳을 살펴보았어요.

내부 벽면의 십자가 보이지?

네! 예배하는 곳이었을까요?

그런데 여기, 텅 비어 있네요. 고고학자가 숨을 만한 곳은 없어 보여요.

실망한 남매는 다른 곳을 둘러보기로 했어요.

이번에도 고고학자를 못 찾을 것 같은 슬픈 예감이 들어.

이 넓은 곳을 언제 다 뒤지냐고요. 대체 고고학자는 어디로 숨은 걸까?

얘들아, 너무 실망하지 말렴.

111

쿵! 고고학자는 으뜸이가 날린 회심의 일격에 쉽게 일어나지 못했어요.

괜찮으세요? 죄송해요. 우린 동방예의지국의 어린이니까 사과드릴게요!

주섬 주섬

끄응.

큭큭

그러게 왜 도망을 가셨어요.

고고학자는 도망가려고 발버둥쳤지만 죽기 살기로 매달리는 남매를 벗어날 수는 없었지요.

이거 놔! 놓으라고!

가만히 계세요!

차원의 문 열쇠를 훔쳐 고대 도시로 온 이유가 대체 뭐죠?

직업 정신이라고는 전혀 찾아볼 수 없는 고고학자의 뻔뻔스러운 태도에 으뜸이와 에이미는 경악을 금치 못했어요.

"고대 도시의 유물을 현대로 가져와 비싸게 팔려고 했어."

"아저씨 고고학자 맞아요? 고고학자가 그런 짓을 하면 어떡해요!"

"부끄럽지도 않으세요? 지금까지 훔친 것들 모조리 돌려주세요. 물론 차원의 열쇠도요."

"그럼 그럼."

차원의 문 열쇠도 찾았겠다, 드디어 집으로 돌아가려던 순간, 고고학자가 애원했어요.

"이제 돌아가요!"

"그래도 페트라까지 왔는데 조금만 더 있다가 가면 안 될까? 어제부터 아무것도 못 먹어서 배도 고프고."

"고마워."

"흐음. 그럼 배만 채우고 돌아가는 겁니다?"

"기회를 봐서 도망가야지."

흔한남매 일행은 하는 수 없이 먹을 것을 찾아 페트라를 돌아다니기로 했어요. 덤으로 페트라의 멋진 건축물까지 구경할 수 있었죠.

시크
본격적으로 페트라로 들어가기 위해 지나야 하는 협곡. 높이 200미터의 절벽이 1킬로미터 이상 이어져 있다.

알카즈네
페트라에서 가장 정교한 건물 중 하나인 신전. '카즈네'란 아랍어로 보물이라는 뜻으로, 알카즈네 꼭대기 항아리 모양의 단지에 보물이 숨겨져 있다고 하여 붙여진 이름이다.

코끝에 풍겨 오는 맛있는 냄새에 이끌린 일행은 마침내 시장에 도착했어요.

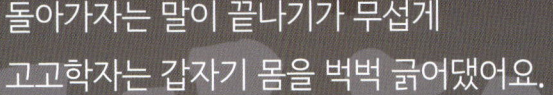

돌아가자는 말이 끝나기가 무섭게
고고학자는 갑자기 몸을 벅벅 긁어댔어요.

저…… 마지막으로 따뜻한 물에 목욕만 하고 돌아가면 안 될까? 몸이 너무 간지러워!

이런 바위 도시에 목욕탕이 있을 리 없잖아요!

있고 말고! 나바테아인들은 빗물을 저장하고 관리했어. 바위를 뚫어 수로를 만들고 집집마다 상수도 시설까지 갖추고 있었어. 댐도 있었다고!

봐! 저기 목욕탕 있네!

목욕탕 안으로 들어온 고고학자는 남매가 말릴 틈도 없이 탕 속에 풍덩 뛰어들었어요.

우아, 저도 들어갈래요!

오우, 예~!

으악, 내 눈! 오빠까지 뭐 하는 거야!

호호. 목욕으로 정신없는 틈을 타 도망쳐야지.

조금만 더 가면 돼!

끼익

간신히 앗데이르에 도착한 일행은 머리 위로 떨어지는 돌을 피하며 입구를 향해 뛰었어요.

쿠쿠쿠쿠쿠

점점 더 땅이 심하게 흔들려요! 들어갔다가 무너지면 어떻게 해요!

걱정 마. 앗데이르는 안 무너져!

앗데이르는 현대에도 남아 있으니 괜찮을 거야.

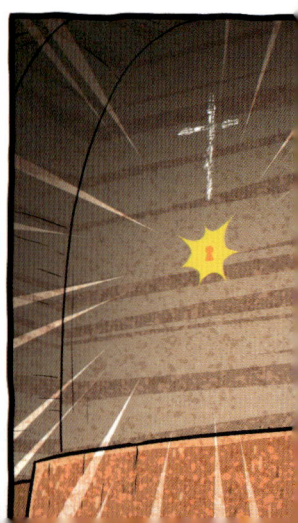

 **암호 풀기**

다시 마추픽추로 돌아온 삼촌과 흔한남매! 그런데 고고학자 P는 대체 어디로 가버린 걸까요?

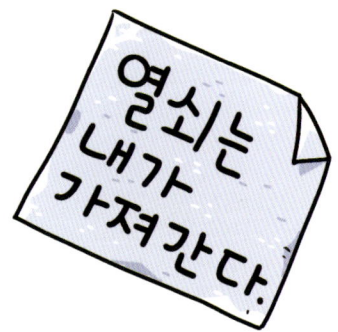

날 찾아 과거의 고대 도시까지 온 노력이 가상하니, 내가 어디로 갈 건지 말해 줄게. 암호문을 풀면 알 수 있을 거야.

너무 어렵다고? 힌트를 주지. 암호문에서 너희들을 빼 봐!

속	으	았	뜸	에
지	이	어	디	미
로	갈	으	건	뜸
지	에	나	이	도
미	몰	으	라	뜸

우리를 빼라니?

우리가 없어지면 어떻게 문제를 풀어.

결과는 137쪽에

38~39쪽 꼬불꼬불 미로 탈출하기!

56~57쪽 다른 그림 찾기

96~97쪽 숨은그림찾기

134~135쪽 암호 풀기

정답: 속았지 어디로 갈 건지 나도 몰라

고고학자의 '너희를 빼라.'는 힌트는 으뜸, 에이미의 이름을 지우라는 뜻이다. 암호문에서 으, 뜸, 에, 이, 미 글자를 지우면 정답 문장이 완성된다.

원작 흔한남매 | **글** 박시연 | **그림** 정주연
펴낸날 2023년 11월 9일 초판 1쇄, 2025년 11월 30일 초판 4쇄
펴낸이 신광수 | **출판사업본부장** 강윤구 | **출판개발실장** 위귀영
만화팀 조은지, 김규리, 손주원, 김수지, 노보람, 이은녕, 변하영, 김다은, 정수현, 변우현, 정예진, 이윤영, 고은서
출판디자인팀 최진아, 김현중 | **출판기획팀** 정승재, 김마이, 박재영, 이아람, 전지현
출판사업팀 이용복, 민현기, 우광일, 김선영, 이강원, 허성배, 정유, 정슬기, 정재욱, 박세화, 김종민, 정영묵
출판지원파트 이형배, 이주연, 이우성, 전효정, 장현우
펴낸곳 (주)미래엔 | **등록** 1950년 11월 1일 제16-67호 | **주소** 서울특별시 서초구 신반포로 321
전화 미래엔 고객센터 1800-8890 팩스 541-8249 | **홈페이지** www.mirae-n.com

ⓒ 흔한컴퍼니 2023
이 책은 무단으로 전재하거나 복제할 수 없습니다.

ISBN 979-11-6841-662-8 74810
ISBN 979-11-6841-534-8 (세트)

책값은 뒤표지에 있습니다.
파본은 구입처에서 교환해 드리며, 관련 법령에 따라 환불해 드립니다. 다만, 제품 훼손 시 환불이 불가능합니다.

나의 여행 준비물 목록!

빠진 것이 없나 동그라미 해 보기!

세면 도구

비행기 표

여권

보조 배터리

충전기

충전기

슬리퍼

선글라스

카메라

모자

휴대폰

수첩과 필기구

물놀이 용품

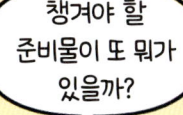
비상약

여행 가방

담요

챙겨야 할 준비물이 또 뭐가 있을까?

초콜릿이랑 과자랑…….

냐하의 여행지에서 할 일 목록